DU

CRÉDIT PUBLIC

ET DU

REMBOURSEMENT

DE LA RENTE

Cinq pour Cent.

PARIS.

ADOLPHE ÉVERAT, IMPRIMEUR, RUE DU CADRAN, 16.

FÉVRIER 1836.

DU CRÉDIT PUBLIC

ET DU

REMBOURSEMENT

DE LA

RENTE CINQ POUR CENT.

DU CRÉDIT PUBLIC

ET DU

REMBOURSEMENT

DE LA

Rente cinq pour cent.

Pour un grand nombre d'esprits, le crédit public et les emprunts ne sont encore qu'un moyen de dépenser plus que ne le permettent les ressources du pays, et de faire, en gouvernement, ce que font les particuliers qui se ruinent. — Il est vrai que la manière dont on a usé du crédit public jusqu'à nos jours n'a que trop autorisé ces préventions ; et, en effet, comme on empruntait toujours et qu'on ne remboursait jamais, on s'acheminait, d'une manière plus ou moins prompte, vers un état de choses que la banqueroute seule pouvait liquider.

Mais, en déplorant l'abus que nos pères ont fait du crédit public, il faut aussi reconnaître que l'expérience n'en a pas été tout-à-fait perdue pour nous, et que nous sommes, pour nos enfants, sous le rapport des emprunts, dans une situation plus équitable que nos pères ne l'ont été à notre égard.

En effet, depuis que l'ordre s'est établi dans les finances; depuis que les budgets et les comptes de l'État sont soumis à une discussion régulière devant les Chambres et devant le pays tout entier, chaque emprunt a été accompagné de la création d'un fonds d'amortissement destiné à en opérer le remboursement en un certain nombre d'années, et cet amortissement, religieusement appliqué à sa destination, a déjà soulagé l'État d'une notable partie de la dette que des circonstances difficiles l'avaient obligé à contracter.

Avec cette condition de l'amortissement, l'emploi du crédit public devient une chose aussi utile qu'elle pouvait être dangereuse et nuisible lorsqu'elle en était séparée.

Quand des circonstances imprévues viennent obliger à des dépenses que le budget annuel ne pourrait supporter; lorsqu'il faut pourvoir, tout à coup, à des moyens de défense, ou à des travaux d'un grand intérêt pour le développement de la prospérité publique, le Gouvernement trouve, dans son crédit, des moyens faciles et prompts de satisfaire à ces nécessités, et répartit ainsi, sur un certain nombre d'années, des dépenses qui, imposées à une seule, eussent été accablantes ou impossibles à réaliser, tandis que, supportées par plusieurs, elles sont presque inaperçues, et, au moyen de l'amortissement, ne laissent aucune charge à l'avenir.

Ainsi sont devenues inutiles, pour la défense du pays et sa sécurité, ces réserves d'argent, très-rares à la vérité, mais qui, en signalant la prudence de ceux qui les avaient faites, indiquaient, en même temps, le peu de connaissance que l'on avait alors des principes de l'économie politique et des ressources que notre temps a su en tirer.

Une fois d'accord sur ce point que les emprunts peuvent être utiles, mais qu'ils ne sont justes qu'autant que la génération qui les fait se ménage les moyens de les rembourser, il y a lieu d'examiner comment peut avoir lieu ce remboursement.

Il faut d'abord se rappeler que c'est un principe de notre droit civil que tout débiteur a le droit de se libérer, et qu'il n'existe plus en France de dette que l'on puisse appeler perpétuelle ; il est inutile de démontrer combien ce principe est équitable, et tout ce qui choque la raison et la justice dans un contrat par lequel la génération actuelle pourrait enchaîner, à tout jamais, les générations futures ; chaînes auxquelles il est difficile d'ailleurs de supposer qu'elles voulussent bien se soumettre.

Or, en appliquant ce principe aux dettes contractées par le Gouvernement, il en découle naturellement que toutes les fois que les rentes constituées par lui sont au-dessous du pair, il se libère par l'action de l'amortissement qui rachète, chaque jour, une partie de la dette ; mais quand une fois les rentes s'élèvent au-dessus du pair, il faut, pour être conséquent au principe de libération dont nous venons de parler, ou que le gouvernement rachète les rentes au-dessus du pair, ou qu'il avise à un moyen de remboursement autre que le rachat par l'amortissement ; car nous ne pouvons admettre qu'en aucune circonstance le Gouvernement puisse cesser l'emploi des moyens qui doivent amener sa libération, autrement ce serait retomber dans l'ancien ordre de choses et reprendre le chemin de la banqueroute qui est cependant encore plus dure aux rentiers que le remboursement ; en effet, toute dette ne peut s'éteindre que de deux manières : par le remboursement ou par la banqueroute (1).

Quel parti doit donc prendre le Gouvernement quand le prix de ses rentes s'élève au-dessus du pair ? peut-il continuer ses rachats par l'amortissement, sans s'inquiéter du prix ? personne ou au moins aucun bon esprit, ne l'a encore soutenu à notre connaissance. Comment, en effet, pourrrait-on imposer à l'État, contrairement à tous les principes du droit commun et aux stipulations expresses de la loi qui a créé le grand livre actuel (celle du 24 août 1793), l'obligation de racheter, au-dessus de 100 fr., une rente pour laquelle il n'a reçu, en commune, que 73 fr. 80 c. , et par quelles raisons l'administration et les chambres qui l'y autoriseraient pourraient-elles se justifier aux yeux des contribuables d'un tel oubli de tous les principes , et d'une telle charge à leur imposer ?

Mais, si l'État ne peut racheter ses rentes au-dessus du pair, quel sera donc alors le moyen de libération qu'il devra employer?

Nous n'hésitons pas à dire que dans cette circon-

---

(1) Nous avons lu quelque part la plainte d'un rentier qui, d'une rente de 12,000 fr., qu'il avait primitivement, est réduit maintenant à 2,000 fr.; mais cette plainte vient à l'appui de nos principes, car c'est parce qu'on ne faisait point de remboursement autrefois que l'on faisait banqueroute de temps en temps.

stance, le Gouvernement doit faire ce que ferait un particulier placé dans la même situation.

En effet, il faut reconnaître que, dans tous les contrats consentis par lui pour les besoins des services publics, le gouvernement est régi par le droit commun ; ici ce n'est plus en qualité d'autorité qu'il agit : il contracte, de gré à gré, avec des particuliers qui ne sont obligés, en aucune façon, à ces contrats, et qui, vendant au Gouvernement les choses nécessaires, pour les services publics, se trouvent, à son égard, absolument dans la même situation où ils se trouveraient en contractant avec d'autres particuliers.

Le Gouvernement doit donc, en pareil cas, l'exact et rigoureux accomplissement des engagements qu'il a pris, *rien de moins, rien de plus* ; car, par la même raison que nous ne voulons ni du *maximum* ni des *emprunts forcés*, nous voulons que le Gouvernement paie ce qu'il doit, mais ne paie pas davantage.

Or, il faut bien reconnaître que les contractants des emprunts sont des fournisseurs d'argent et que le Gouvernement ne pouvant payer à ses autres fournisseurs que le montant de l'engagement contracté pour leurs marchés, il ne peut aussi payer, aux contractants d'emprunts, et aux rentiers leurs ayant droit, que ce qui a été stipulé par le contrat primitivement passé entre eux, car le Gouvernement, ne payant qu'avec l'argent des contribuables, n'a pas plus le droit d'être généreux, qu'il n'a celui de manquer à ses engagements.

Cela posé, que doit faire le Gouvernement lorsque ses rentes sont au-dessus du pair ? Il doit proposer à ses créanciers un nouveau contrat constitué à un intérêt qui lui permette de rendre l'action à son amortissement et de continuer ainsi l'œuvre de sa libération; et, dans le cas où ses créanciers n'accepteraient pas ses propositions, trouver de nouveaux prêteurs à ces mêmes conditions et se servir de leur argent pour rembourser ses premiers créanciers.

Nous pensons que cette nouvelle opération n'est pas seulement une faculté laissée au gouvernement, mais un devoir qui lui est imposé et auquel il ne peut se soustraire sans manquer à une partie de sa mission.

Après avoir ainsi exposé les principes que nous croyons admis, sur cette matière, par tous les bons esprits, nous allons les appliquer à la situation dans laquelle la France se trouve maintenant à l'égard de ses rentes 5 p. $\frac{0}{0}$.

Cet état de choses place le pays dans cette position doublement fausse, d'une part que, depuis trois ans, le prix des rentes 5 p. $\frac{0}{0}$ ne permet plus que l'action de l'amortissement puisse s'exercer sur elles et que, par conséquent, toutes les bases du système du crédit public sont renversées en ce qui les concerne, et, de l'autre, que l'État leur paie, au détriment de la chose publique, un intérêt bien supérieur à celui auquel il pourrait emprunter maintenant.

Il y a donc, sous ces deux rapports, nécessité absolue de sortir de cette situation; mais, aux considérations que nous venons d'indiquer, vient encore s'en joindre une autre que nous ne pouvons passer sous silence parce qu'elle est de nature à exercer la plus grande influence sur la prospérité du pays.

Cette considération est celle qui se rattache au taux de l'intérêt de l'argent.

Sans doute, ce n'est pas le Gouvernement qui peut fixer le taux de l'intérêt ; il ne peut résulter que de la force des choses ; mais le Gouvernement étant le plus grand emprunteur, l'intérêt qu'il paie sert de point de comparaison à un grand nombre d'autres transactions : s'il s'agit de stipuler l'intérêt d'un prêt à faire au propriétaire d'un établissement industriel, le taux auquel on pourrait placer les mêmes fonds en rentes sur l'État apparaît aussitôt dans la discussion, et y exerce une très-grande influence. Quoi de plus naturel, en effet, pour un prêteur, que d'opposer l'intérêt qu'il pourrait obtenir de son argent en le plaçant en rentes sur l'État, à celui que lui offre le commerce ou l'industrie ?

Or, il résulte de la position des rentes 5 p. %, dont l'essor est arrêté par la crainte du remboursement, que l'intérêt de cette rente est encore de plus de 4 1/2 pour cent, bien que celui du 3 p. % soit au-dessous de 3 et 3/4, et le 5 p. % étant l'effet le plus considérable et le plus ancien, c'est lui qui sert naturellement de terme de comparaison ; il est donc devenu par là un des plus grands obstacles à cet abaissement de l'intérêt réclamé avec tant de force par notre agriculture et notre industrie. Comment pourrait-on contester, en effet, qu'un prêt de deux milliards, renouvelé, chaque jour, par les mutations qui ont lieu dans la propriété des rentes, n'exerce une immense influence sur toutes les transactions de la même nature ?

Sous ce rapport, la fausse position du 5 p. °/₀ est donc un véritable malheur pour le pays.

Quelques esprits regardent comme étant de second ordre cette question de l'abaissement de l'intérêt de l'argent dans toutes les transactions; quant à nous, nous la considérons comme capitale et digne, au plus haut degré, de toute l'attention du Gouvernement, car l'abaissement de l'intérêt nous paraît l'encouragement le plus puissant et le plus efficace qui puisse être donné à toutes nos industries manufacturières ou agricoles et, pour bien faire comprendre toute l'importance de cette question, nous rappellerons un mot, déjà cité, de lord Bolingbrocke qui fait connaître à quel point cette question paraissait essentielle, de son temps, en Angleterre; il disait, dans une dicussion élevée sur ce même sujet, que l'abaissement de l'intérêt exerçait une si grande influence sur les progrès de l'industrie, que si cet intérêt pouvait tomber en France à 3 p. °/₀, ce serait, pour l'Angleterre, une cause raisonnable de lui déclarer la guerre. Nous croyons que le remède serait pire que le mal, et le temps n'est plus où l'on pouvait se faire la guerre pour un tel sujet; mais nous avons voulu citer la pensée de lord Bolingbrocke comme formulant bien toute l'importance de cette question.

Nous citerons aussi l'opinion émise dernièrement, sur le même sujet, par M. Odier, censeur de la banque de France, et membre de la chambre des députés; dans son rapport présenté à l'assemblée générale des actionnaires, le 28 janvier, il disait :

« **Le porte-feuille de la banque** s'était élevé à 150
» millions à de certaines époques, mais le papier de
» banque (et en effets de forte valeur), en compo-
» sait la majeure partie; maintenant que ce papier
» est recherché par les capitalistes à l'escompte de
» 3 à 3 1/2 p. %, il est naturel qu'on en présente si
» peu, et ce ne peut être que dans des moments de
» rareté d'argent ou de crise commerciale que cet
» état de choses pourrait changer; ce serait même de
» courte durée. Cette position avait fait agiter de
» nouveau la question, dans le conseil de la régence,
» s'il ne conviendrait pas d'abaisser le taux des es-
» comptes de la banque, dans l'espoir que l'aug-
» mentation des présentations du papier serait telle,
» que, malgré la différence du prix, il y aurait avan-
» tage pour la banque, sans compter l'avantage plus
» grand encore de voir l'intérêt diminuer pour
» toutes les transactions commerciales, soit à Paris,
» soit dans les départements; car il est certain que
» le taux de l'escompte de la banque est un régula-
» teur fort important pour toute la France, et que
» l'abaissement de l'intérêt d'argent qui pourrait en
» résulter serait un avantage immense pour le
» commerce aussi bien que pour l'agriculture. »

Revenons, maintenant, à la position de l'Etat à
l'égard de ses rentes 5 p. % : Nous croyons avoir
démontré qu'on ne pouvait les abandonner à leur
situation présente sans manquer aux premières conditions du crédit public, et sans se mettre, en
même temps, en opposition flagrante avec tous les
intérêts du pays.

Dans cet état de choses, il ne peut y avoir à

choisir qu'entre deux partis : trouver de nouveaux prêteurs à des conditions à la fois moins onéreuses et qui permettent de rendre à l'amortissement sa marche libératrice, en constituant une nouvelle dette à un intérêt moins élevé, ou obtenir des rentiers en 5 p. °/₀ les mêmes conditions.

Nous avons présenté, en première ligne, le moyen qui consiste à trouver de nouveaux prêteurs, et à se servir de leur argent pour rembourser les anciens rentiers; et nous croyons que ce moyen est, en effet, le seul qui soit complétement juste et équitable, le seul contre lequel il n'y ait aucune objection à faire. C'est une nouvelle enchère pour un service public qu'il s'agit de renouveler, et nous pensons que ce qui se pratique dans la même circonstance pour tous les autres services publics doit être appliqué à celui-ci : Quand une fourniture doit être renouvelée, le Gouvernement ne peut la confier, aux mêmes fournisseurs, sans avoir appelé tous les citoyens à lui proposer des conditions plus favorables, s'ils le peuvent.

A cet égard, on objecte que, pour user de ce moyen, il faut passer par la main des banquiers et leur donner des bénéfices à faire sur l'opération.

Nous ne comprenons pas cette objection : les banquiers, capitalistes et autres, qui prennent part à un emprunt, sont des citoyens comme les rentiers, et nous ne voyons pas quel peut être le motif de la préférence donnée aux uns sur les autres.

De ce que l'on a fait intervenir les profits des banquiers et capitalistes dans la discussion de la première loi de remboursement en 1824, il en est résulté que,

pour ne pas payer alors 37 millions aux banquiers,
l'État a, depuis, payé inutilement 360 millions environ aux rentiers 5 p. %, dont à peu près 60 millions à des étrangers qui sont propriétaires du sixième
des rentes 5 p. %.

Il existait, en effet, en 1824, en rente 5 p. % 197,000,000
En déduisant celles applicables à des
services publics ci.................... 15,000,000
Celles converties en 3 p. %........ 31,000,000 } 46,000,000

Reste............ 151,000,000
Dont le 1/5 est de.................... 30,000.000

Qui, pendant 12 ans, eussent donné une économie de.. 360,000,000

Nous disons donc que le Gouvernement ne peut,
sans manquer à l'équité, donner aux rentiers d'autres avantages, lors de la transaction qu'il peut être
appelé à faire avec eux, que celles qu'il serait obligé
d'accorder à de nouveaux prêteurs, et qu'il ne peut
leur concéder que la préférence, c'est-à-dire la faculté de faire eux-mêmes ce que d'autres feraient à
leur place.

Examinons maintenant quelles conditions le gouvernement pourrait obtenir de nouveaux prêteurs.

Trois fonds peuvent être émis pour remplacer le
5 pour cent.

Du 4, du 5 1/2, du 5 p. %.

Il a été négocié, en 1829, du 4 p. % à 102. 7 1/2,
et ce fonds est maintenant revenu au même prix.

Nous croyons fermement que les capitaux sont
aussi abondants en ce moment qu'en 1829, et nous

pensons même qu'ils le sont davantage, et que le taux de l'intérêt s'est encore abaissé depuis cette époque ; mais notre pensée ne peut concevoir la création d'un fonds au-dessus du pair, pour rembourser un autre fonds au-dessus du pair, et c'est ici l'occasion de nous expliquer sur une question qui a été beaucoup controversée, celle de l'augmentation du capital.

Cette question, à notre sens, doit être considérée sous deux points de vue : le côté financier et le côté politique.

Certes, sous le rapport financier, il serait convenable de ne jamais constituer une dette qu'au taux le plus rapproché du pair ; mais quelle serait la conséquence de ce principe ? Ce serait tenir le pays presque continuellement dans l'état où nous nous trouvons maintenant, et l'obliger à des remboursements de chaque année, car il eût fallu emprunter en 1815, en 9 p. %; en 1816, en 8 p. %; en 1817, en 7 p. %; en 1823, en 5 1/2, etc., etc. ; de là, interruption continuelle de l'action de l'amortissement, froissement de tous les instants dans la machine financière et dans les habitudes des rentiers.

Les modifications que l'établissement des gouvernements constitutionnels amèneront successivement dans les relations politiques de l'Europe, peuvent donner lieu de croire qu'un jour leurs emprunts pourront se faire en dette non fondée, et, par là, réduiront de beaucoup la partie onéreuse de ces emprunts ; mais nous ne pensons pas que le temps soit encore venu d'entrer trop avant dans cette carrière, dont les dangers ne peuvent être méconnus.

Jusque-là, on peut croire que pour les gouvernements sages l'intérêt de leurs emprunts doit se tenir
long-temps entre 4 et 3 p. °/₀.

Pour sortir de ces limites, il faut ou que l'Europe
retombe dans l'état de guerre dont les protocoles
l'ont garantie si heureusement depuis cinq ans, ou
que l'état pacifique et de prospérité s'y maintienne
pendant une longue suite d'années, et qu'une paix
non interrompue permette au travail une production
immense de capitaux.

Pour être conséquent aux principes financiers, le
fonds qu'il faudrait créer maintenant pour remplacer le 5 serait du 3 1/2, puisque ce serait celui qui
pourrait être constitué le plus près du pair sans que
l'action de l'amortissement fût entravée; mais c'est
ici que se présente la question sous le point de vue
politique, et notre avis est qu'elle est, sous ce rapport, grave et digne de toute l'attention du Gouvernement.

Les fonds anglais 3 p. °/₀ produisent moins de
3 1/2 p. °/₀, au cours qu'ils ont maintenant, et la
France pouvant, avec juste raison, espérer que son
crédit atteindra celui de l'Angleterre, un fonds,
créé en 3 1/2 p. °/₀, pourrait, dans quelques années,
se trouver exposé à un nouveau remboursement, et
mettre ainsi le pays dans le même état de tiraille-
ment où il se trouve en ce moment.

Nous croyons donc que le Gouvernement doit constituer son nouveau fonds à un intérêt qui éloigne
toute crainte de prochain remboursement, et associe
ainsi les rentiers, d'une manière positive et claire,
à sa prospérité.

Les rentiers 5 p. °/₀ sont placés, en ce moment, dans une position si fausse qu'ils ont également à redouter la bonne et la mauvaise fortune du pays : la mauvaise, parce qu'elle compromettrait le paiement régulier de leurs arrérages, et la bonne parce qu'elle doit amener un remboursement qui diminuera leur revenu.

Il est donc d'une sage politique de faire sortir les rentiers d'une telle situation. Il faut que l'État les associe, d'une manière nette, claire et précise, à sa prospérité qui, en leur assurant l'exact acquittement des intérêts de sa dette, leur garantira, en même temps, l'augmentation de leur capital, sans leur laisser l'arrière-pensée d'une diminution de leur revenu.

Or, ce fonds ne peut être que le 3 p. °/₀; la combinaison des annuités qui seraient données pour complément de son prix actuel jusqu'au pair, fait, d'ailleurs, disparaître, en très-grande partie, la question de l'augmentation du capital, et amène la création d'une nouvelle valeur à échéance fixe, dont le temps à courir variera chaque jour, et qui devra convenir, ainsi, à beaucoup de capitaux qui ne peuvent manquer de lui procurer un cours très-élevé.

Cette nouvelle valeur conviendrait surtout à la banque de France qui a, depuis long-temps, dans ses caves, une somme énorme de numéraire disproportionnée à toutes les conditions de son institution, et dont la mise en circulation serait également profitable au pays et aux actionnaires.

Nous ne voulons pas traiter à fond la question de l'augmentation du capital qui a donné lieu à tant de controverses, lors de la première opération faite en 1825; nous croyons devoir nous abstenir d'entrer dans l'examen approfondi de cette partie de la question générale du remboursement; d'abord, parce que ce n'est pas le but que nous nous sommes proposé en écrivant ces lignes, et, ensuite, parce que l'expérience semble s'être chargée elle-même de réfuter tous les arguments et les suppositions auxquels se sont livrés les adversaires de la première opération. En effet, depuis onze ans que l'amortissement agit sur le 3 p. °/₀, la moyenne de ses achats est au-dessous de 75 fr., prix auquel il a été émis : l'expérience de ces onze années a donc été en sens tout à fait opposé aux prévisions de ceux qui redoutaient les inconvéniens de l'augmentation du capital.

L'État a gagné annuellement une somme de plus de 6,000,000 qu'il a payés de moins en arrérages depuis 1825, ci pendant 11 ans....... 66,000,000 fr.

Il a gagné de plus sur l'amortissement, dont le prix moyen de rachat est de 72 fr. 60 c. — 2 fr. 40 c., qui sur 23,000,000 de rentes 3 p. °/₀ rachetées, donne ci...................... 18,400,000

Bénéfice incontestable, résultant de la première opération du remboursement en 1825 .... 84,400,000 fr.

Il est certain que, quand un État emprunte en un fonds constitué à un faible intérêt, comme le 3 p. °/₀, il reçoit un capital plus considérable pour la même somme de rente : il est également certain que quand cet État est prospère et que son crédit s'élève, son amortissement rachète, chaque année, une somme de rente d'autant moins grande que le cours en est plus élevé; qu'en résulte-t-il? c'est qu'en temps de mauvaise fortune l'État a une somme d'intérêt moindre à servir, et que, en même temps, il avance sa libération plus rapidement, mais que, dans les temps heureux, au contraire, sa libération est moins rapide.

Eh bien, nous croyons cette combinaison fort heureuse, et ici l'avantage politique nous paraît l'emporter de beaucoup sur l'inconvénient financier : on est encore bien plus de cet avis quand on examine toute l'aigreur des discussions soulevées par la question qui nous occupe ; quand on la voit diviser des hommes si bien unis par les sentimens politiques les plus homogènes, et on sent alors combien il importe au pays d'éloigner de telles occasions de discord et d'entrer franchement dans la voie dont nous parlions précédemment, et qui a pour but d'associer, d'une manière positive, tous les rentiers à la prospérité du pays, en constituant la dette dans un fonds qui ne puisse être de long-temps menacé de remboursement.

Après avoir discuté la nécessité de l'opération du remboursement des rentes 5 p. °/₀ , et les avantages qui doivent en résulter pour le pays, il faut examiner les obstacles qui peuvent s'opposer à cette opération.

Ils sont de deux espèces : politiques et financiers.

Quant aux premiers, nous croyons qu'on les a beaucoup exagérés : on a supposé que cette opération allait troubler un grand nombre d'existences, principalement à Paris ; qu'elle exciterait un grand mécontentement et désaffectionnerait la population parisienne au gouvernement.

Nous ne pensons pas que ces craintes soient fondées, et voici nos raisons :

Il y a, sans doute, à Paris, proportionnellement, plus de rentiers qu'en province ; mais, cependant, la masse des propriétaires de rentes y est très-peu considérable, eu égard à sa population ; or, si les rentiers doivent éprouver, par le remboursement du 5, une diminution de leur bien-être, toute la masse active et industrielle de Paris doit ressentir les bienfaits de cette opération par l'influence qu'elle exercera sur la diminution de l'intérêt de l'argent, et sur la valeur des maisons, dont les propriétaires sont tous Parisiens.

D'ailleurs, l'opinion s'est depuis long-tems éclairée sur la question dont il s'agit ; le droit du gouvernement au remboursement du 5 p. %, a été apprécié par la conscience publique, et la preuve en est que maintenant :

5 francs de rente en 3 p. % coûtent 109 fr.
5 francs de rente en 4 p. %   127
5 francs de rente en 5 p. %   155

Or, le débiteur étant le même, quel pourrait être le motif d'une semblable différence dans le prix du même effet, si, depuis long-temps, chacun ne sentait que la rente 5 p. % doit être remboursée ?

Tout le monde comprend d'ailleurs parfaitement, à Paris comme en province, que le gouvernement ne paye qu'avec ce qu'il reçoit, et que si les rentiers reçoivent trop, c'est aux dépens des contribuables.

Si on examine maintenant en quelles mains se trouvent les rentes, on reconnaîtra que la majeure partie est entre les mains des gens riches, pour lesquels la diminution de l'intérêt est une contrariété sans doute, mais non pas une cause de ruine ou de détresse.

En effet, on voit, dans un tableau placé à la page 62 du rapport présenté au roi sur l'administration des finances en 1830 (1), que sur les 108,000 pro-

(1) *ÉTAT indiquant le classement, par catégories, des propriétaires de rentes* 5 *p.* °/₀, *au* 1er *janvier 1850.*

DÉSIGNATION DES PROPRIÉTAIRES.	NOMBRE des Propriétaires.	RENTES.
Propriétaires français et étrangers, parties au-dessous de 50 fr. de rente...............	8,000	393,815
Propriétaires parties de 50 à 600 fr........	54,170	10,800,000
Idem de 601 à 800.........	3,720	2.656,000
Idem de 801 à 1000.........	3,130	2,911,000
Idem de 1001 à 1200.........	2,200	2,492,000
Idem de 1201 à 1500.........	2,480	3,385,000
Idem de 1501 et au dess........	11,900	61,577,188
Agens de change, banquiers, etc...........	111	2,721,653
Rentes départementales....................	12,000	6,919,514 *a*
Majorats et remplois de dotations...........	184	1,684,097
Légion-d'Honneur.....................	1	6,746,225
Caisse des invalides de la marine..........	1	4,591,139
Caisse des consignations	1	2,687,942
Banque de France	1	2,486,196
Fonds de retraite..................... ...	37	1,360,401
Caisses d'épargne, tontines, etc...........	15	1,673,464
Communes, établissemens publics religieux français...........	10,000	9,007,885
Établissements étrangers...................	14	305,662
Compagnies d'assurances..................	9	676,903
Cautionnemens.........................	516	623,534
Caisse du trésor	1	67,607
Commissions de dépôts et de liquidations.....	3	530,743
Société hollandaise dite Woomberg........	1	486,203
	108,493	126,786,971 *b*

a Indépendamment de ces 6,919,514 de rentes inscrites sur les livres des receveurs généraux, il se paie dans les départemens, en inscriptions directes, 9,108,000 fr. de rentes.

b Le nombre des inscriptions à Paris et dans les départements excède 200,000. On a indiqué dans cette colonne le nombre des propriétaires d'après des données positives ou par évaluation.

priétaires de rentes en possédant 126 millions , il y a environ 14,000 particuliers qui, à eux seuls possèdent 75 millions de rente , dont les plus petites inscriptions sont de 1,500 fr. , et dont la moyenne est de plus de 5,000 fr. de rente.

Il ne reste donc entre les mains des petits rentiers, distraction faite des rentes appartenant à des établissements publics, qu'environ 25 millions de rente.

Ainsi, les trois quarts des rentes 5 p. % sont possédés par des personnes aisées et dont le *tiers* sont des étrangers, et l'autre quart seulement de ces rentes se partage entre ce que l'on appelle les petits rentiers ; mais il faut bien reconnaître encore qu'il est peu de personnes, possédant des rentes , qui aient en elles leur seul moyen d'existence.

Les rentes sont, pour la classe aisée, ce que les caisses d'épargne sont pour la classe ouvrière : elles sont le moyen de placement des économies successives et l'emploi de tous les fonds qui en attendent un autre.

La mesure du remboursement atteindra donc réellement peu d'existences qui puissent en être véritablement troublées parmi les petits rentiers, et il faut le dire, c'est bien plutôt les gros rentiers qui la redoutent, et dont les voix viennent y faire opposition.

Or, ceux-là comprennent trop bien la nécessité de conserver les quatre cinquièmes pour que leur opposition puisse être dangereuse à la paix publique, et la vérité est que la garde nationale parisienne, que l'on a mise en jeu dans cette question, y est fort peu intéressée, ainsi qu'il sera facile de s'en convaincre en examinant sa composition.

Nous devons aussi un mot d'explication sur les argumentations philanthropiques que l'on a fait entrer dans la question , et sur le dommage qu'elle causera aux vieillards, veuves et orphelins.

Tout en éprouvant, aussi bien que personne, l'intérêt qu'inspirent ces positions, nous devons dire qu'il est impossible d'admettre, sans un renversement de toutes les idées d'administration, que ces infortunes puissent être mises à la charge du budget. Il est bien reconnu que le budget ne peut comprendre que les services publics, et que tous les établissements de bienfaisance et de secours mutuels que se doivent les membres de notre grande société ne peuvent y trouver place, et sont nécessairement des dépenses locales : il faut bien reconnaître aussi que, quand le gouvernement ne donne que 4 p. °/₀ aux économies de l'ouvrier placées dans les caisses d'épargne, il serait absurde qu'il continuât à donner 5 p. °/₀ aux rentiers : nous ne sommes pas impitoyables pour les malheureux qui ont des rentes; mais il faut, cependant, admettre que les malheureux qui n'en ont pas sont encore plus dignes de compassion.

On pourrait, d'ailleurs, offrir aux petits rentiers dont la position est véritablement intéressante un moyen de ne pas souffrir de la réduction de l'intérêt et même d'y trouver une augmentation de bien-être en donnant des rentes viagères, d'après des bases fixes, à tous ceux possédant des rentes de 1000 f. et au-dessous, qui le demanderaient.

Quant aux obstacles financiers que le remboursement peut éprouver, nous les croyons faciles à surmonter.

Il est impossible de méconnaître que tous les signes qui annoncent un grand abaissement dans le taux de l'intérêt sont flagrants, dans toute l'Europe, pour ceux qui veulent les examiner.

Le 3 p. % anglais est à 94 fr.
Le 3 p. % français à 81 fr.
Le 3 p. % autrichien à 75 fr.
Le 4 p. % français à 102 fr.
Le 4 p. % prussien à 102 fr.

Le 4 p. % de Wurtemberg à 105 fr.
Le 4 p. % de la Saxe à 103 fr.
Le 4 p. % de la Bavière vient d'être converti en 3 1/2 au pair.
Le trésor public place les bons royaux à 2 p. % d'escompte annuel.

Il n'est pas douteux que, dans cette situation des capitaux en Europe, la France ne trouvât à placer des rentes 3 p. %, soit purement et simplement, soit au moyen de la combinaison des annuités, à un cours qui en réduisît l'intérêt au-dessous de 3 et 3/4 p. % représenté par le cours de 80 francs.

Il est donc raisonnable de penser que les rentiers en 5 p. % accueilleraient, en grand nombre, la proposition d'un échange de leurs titres sur des bases à peu près semblables, et on ne peut révoquer en doute que le trésor ne trouvât de nouveaux prêteurs, en choisissant, pour cela, le temps et les moyens nécessaires, pour toutes les nouvelles rentes qui ne seraient pas acceptées par les rentiers en 5 p. %, auxquels on rembourserait, alors, leurs créances en argent.

Il est impossible de spécifier en chiffres exacts le montant de l'économie que le trésor pourrait faire ainsi, puisque la quotité dépendrait des circonstances sous l'empire desquelles aurait lieu le remboursement, et des rentes auxquelles cette économie peut s'appliquer.

Les rentes 5 p. °/₀ existant aujourd'hui sur le grand-livre, défalcation faite de celles appartenant à l'amortissement, se montent à 135 millions.

Nous dirons, d'abord, qu'en principe aucune de ces rentes ne peut être exceptée de la mesure du remboursement, et nous devons un mot de réponse aux objections que l'on a faites à ce sujet.

Les rentes que l'on mettait ainsi à part étaient celles appartenant à des établissements de bienfaisance et celles applicables à des services publics.

En ce qui concerne les premières, nous avons expliqué que leur conserver l'intérêt dont elles jouissent aujourd'hui, c'était, en réalité, mettre à la charge du budget de l'état des dépenses que tout le monde reconnaît ne pouvoir y trouver place; car si l'État, pouvant emprunter à 4, paie 5 à ces établissements, on ne peut contester que c'est bien la même chose que s'il comprenait dans son budget le 5me qu'il leur paie ainsi.

Il y aurait donc, en ce qui concerne ces rentes, une véritable économie pour le budget.

Quant aux autres (celles applicables à des services publics, c'est-à-dire la Légion-d'Honneur et les invalides de la marine), il serait évidemment nécessaire que le budget vînt au secours de ces établissements, et remplaçât, par un supplément de dotation, ce qui leur serait enlevé par la réduction de l'intérêt; mais ce supplément de dotation serait accordé par les chambres, avec examen et contrôle, ce qui est la condition nécessaire de toutes les parties du service public, tandis que, laissé en rente, c'est une subvention déguisée, soustraite à l'examen des chambres; ce que repoussent tous les principes de notre administration financière.

La somme de rentes sur lesquelles porterait l'économie de la mesure du remboursement serait, d'après les explications que nous venons de donner, d'environ 120 millions. Ainsi, cette économie serait d'au moins 30 millions; or, nous le demandons à tous ceux qui voudront un peu étudier cette question, quel bien ne pourrait-on pas faire en appliquant annuellement une partie de cette somme à des travaux et des encouragements qui éléveraient au plus haut point la prospérité du pays, en portant le mouvement et la vie sur toutes les parties de son territoire !

Et c'est ici que la politique vient encore nous prêter un argument que nous croyons de la plus grande force.

De tous les moyens propres à assurer la tranquillité publique, nous n'en connaissons pas de meilleur et de plus efficace que la prospérité : c'est en créant des moyens de travail et de bien-être à venir que l'on rattachera à la paix publique ces esprits actifs, ces imaginations vives et énergiques qui sont trop disposées à se jeter dans les mauvaises voies quand les bonnes ne se trouvent pas devant eux. Or, nous le demandons, dans quelle carrière peut-on les faire entrer aujourd'hui, si ce n'est dans celle des grandes entreprises d'utilité publique et d'industrie ? Ce que nous voulons c'est de créer des moyens d'occupation pour cette classe nombreuse, qui sort, chaque année, de nos écoles, et lui donner ainsi, dans le travail, les chances qu'elle allait chercher, il y a 25 ans, sur les champs de bataille.

Sans doute, chacun est disposé à abonder dans son sens, et à voir, sous les couleurs les plus séduisantes, les idées qu'il a adoptées; mais quand on considère combien celle-ci est simple, combien les moyens d'exécution sont faciles, quels immenses avantages doivent en résulter, on ne peut s'empêcher d'être étonné des oppositions qu'elle éprouve; comment comprendre, en effet, que l'État ne puisse exécuter, pour le bien général du pays, ce que chaque particulier ne manquerait pas de faire dans l'administration de sa fortune, et que, quand tous les citoyens ont individuellement le droit de se libérer, le Gouvernement seul soit dans la nécessité de subir une contrainte qui ne pourrait pas être imposée au dernier des membres de notre société?

Certes, de tous les priviléges que la révolution de 89 a détruits, aucun n'était aussi exorbitant et aussi dénué de droit que celui des rentiers 5 p °/₀ à conserver, aux dépens des contribuables, un intérêt que d'autres prêteurs consentent à réduire à moins de 3 et 3/4 p. °/₀.

Les droits féodaux s'appuyaient sur la conquête, sur les conventions réciproques des seigneurs propriétaires de terres avec leurs vassaux, sur la protection donnée à la bêche et à la charrue par la lance et l'épée; mais où trouver les droits des rentiers 5 p °/₀ autrement que dans l'aveugle prétention de l'intérêt personnel?

Il nous reste à traiter la question sous un dernier

point de vue, celui de l'opportunité de la mesure.

Cette dernière partie est la plus difficile parce qu'elle se complique d'un grand nombre de circonstances très mobiles et qui chaque jour peuvent changer de face; notre conviction est que rien ne peut être précisé d'une manière absolue à cet égard, et que celui qui sera chargé d'exécuter cette opération peut seul apprécier le moment de sa mise à exécution.

Nous pensons donc que les chambres ne peuvent accorder au Gouvernement que la faculté de faire l'opération lorsqu'il la jugera exécutable, et que, plus cette faculté sera largement exprimée, plus l'opération sera facile.

Mais ce qui nous paraît du plus haut intérêt, c'est que le droit au remboursement soit, dès à présent, hautement proclamé et reconnu, afin que les rentiers en 5 p °/₀ étant avertis et mis en demeure, l'élévation de ce fonds ne vienne pas rendre l'opération plus difficile, en laissant approfondir la plaie qu'il faut cicatriser.

Nous croyons avoir démontré que la prudence et la probité recommandent également de constituer la dette du pays en un fonds qui permette de continuer sa libération par les achats périodiques de l'amortissement; que c'est aussi le moyen le plus efficace d'amener l'abaissement de l'intérêt de l'argent, premier besoin de notre agriculture et de notre industrie; et, enfin, que, pour obtenir une durable et solide tranquillité, il faut procurer à la génération actuelle des moyens de travail et de prospérité par d'utiles encouragements et, en même temps, asso-

cier les rentiers à cette prospérité en les mettant à
l'abri de nouvelles craintes de remboursement et en
leur assurant un accroissement graduel de leur capital : tel est le but que nous nous sommes proposé.

Nous terminerons cet exposé par une dernière ré-
flexion : chaque époque a eu sa pensée autour de laquelle se sont mues toutes les intelligences actives du
pays ; la gloire, les théories politiques, la philosophie,
les arts, les sciences, les conquêtes, les querelles
religieuses, la théologie et la guerre ont, successivement, occupé nos pères. Plus positifs, plus dégoûtés
d'illusions, c'est au bien-être que tendent aujourd'hui les esprits ; c'est le travail et la production
qui sont les principaux emplois des forces actuelles
de la nation. C'est dans cette voie que son Gouvernement doit la suivre et l'aider. Eh bien ! de toutes
les circonstances qui se rattachent à ce principe,
aucune, à notre avis, ne doit y exercer plus d'influence que la question que nous venons d'effleurer.

Imprimerie d'Adolphe ÉVERAT, rue du Cadran, 16,